ESSAI

DE

CONSTITUTION DÉMOCRATIQUE

PAR

Marcel MÈGE

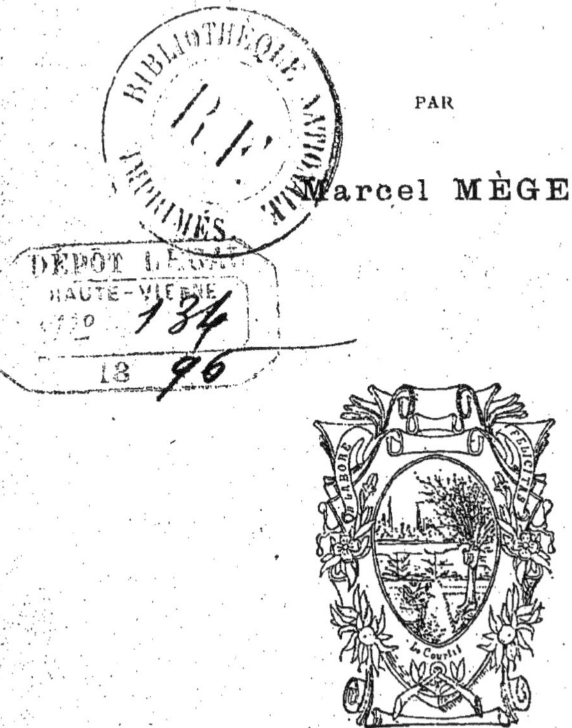

LIMOGES
H. DUCOURTIEUX, IMPRIMEUR-LIBRAIRE
7, RUE DES ARÈNES, 7
1896

ESSAI

DE CONSTITUTION DÉMOCRATIQUE

ESSAI

DE

CONSTITUTION DÉMOCRATIQUE

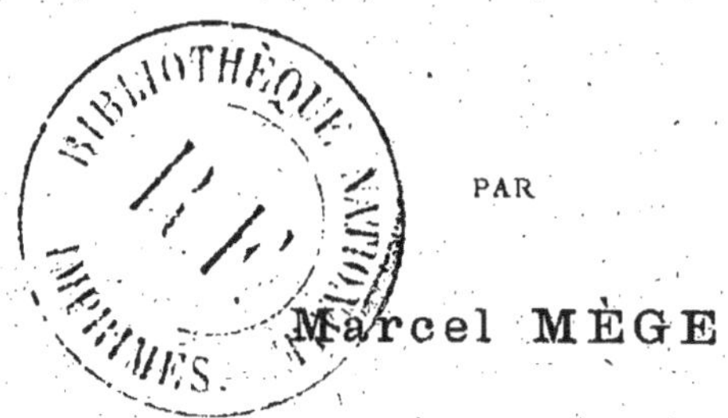

PAR

Marcel MÈGE

LIMOGES
Ve H. DUCOURTIEUX, IMPRIMEUR-LIBRAIRE
7, RUE DES ARÈNES, 7
—
1896

ESSAI

DE

CONSTITUTION DÉMOCRATIQUE

EXPLICATIONS PRÉLIMINAIRES

Je soumets aux réflexions et aux critiques de mes concitoyens un certain nombre de dispositions constitutionnelles.

J'ai la croyance que si elles étaient adoptées, en principe, bien entendu, et sauf les amendements de détail dont elles sont susceptibles, elles ne tarderaient pas à modifier, dans une mesure avantageuse pour le Pays, les mœurs politiques créées et développées par l'application qui a été faite jusqu'à ce jour de la constitution de 1875.

Je dois prévoir aussi que ce projet rencontrera sur son chemin d'assez gros bataillons de détracteurs, recrutés sur divers points de l'horizon politique.

En premier lieu :

Il établit sur des bases logiques le régime de la République démocratique.

Voilà déjà trois cents sénateurs obligés, s'ils veulent continuer de délibérer sur les affaires publiques, de renouer avec le suffrage universel des relations que la plupart s'étaient fait la douce illusion d'avoir rompues pour toujours. Ils ne manqueront pas de trouver cette nécessité fort désobligeante.

Autour d'eux se groupera cette quantité considérable de citoyens qui, tout en affirmant leur attachement aux institutions républicaines, n'en éprouvent pas moins, au fond du cœur, une sorte de défiance et même d'aversion instinctive contre le suffrage universel, contre les arrêts de la foule ignorante et aveugle.

Ces braves gens qui comprennent environ les deux tiers de la bourgeoisie française nourrissent, dans l'arrière magasin de leurs pensées intimes, de vagues espoirs de retour en arrière. Ils estiment que dans toute société bien organisée, il doit y avoir une classe riche et instruite qui doit être la classe dirigeante. Ils ne verront qu'avec un très vif déplaisir rompre la dernière amarre qui rattache la société politique au cens électoral.

Tout cela est fort bien, mais :

En ce qui concerne le Sénat, les assemblées de vieillards n'ont jamais bien réussi en France. Il doit en être probablement de même partout ailleurs. Sous toutes les latitudes, en effet, l'âge use et effrite profondément ces trois facteurs essentiels de l'action utile d'un citoyen pour le bien public : l'ardeur, l'énergie et la générosité.

Tous les historiens affirment que Napoléon Ier dut, après la campagne de Russie, l'extrême rapidité de sa chute, au non-vouloir ou à l'impuissance de rajeunir les cadres aussi bien dans ses conseils que dans son armée. Il est impossible de ne pas constater, en effet, que dans cette période déclinante de sa gigantesque épopée, partout où il était tout se soutenait, et partout où il n'était pas tout s'effondrait. On est bien obligé de constater aussi qu'à l'entrée des Alliés dans Paris, au commencement de 1814, son Sénat, composé d'hommes gavés et fourbus, atteignit le fond de la bassesse humaine.

Je ne rappelle pas cet épisode d'un passé peu éloigné de nous pour faire au Sénat actuel l'injustice de le mettre au même niveau que celui du premier Empire ; mais il démontre avec une grande force que les assemblées où sont mêlés ensemble les trois âges de la vie humaine sont les plus aptes à faire de bonne et utile besogne ; les défauts des uns étant contrebalancés par les qualités des autres.

Le Sénat porte, en outre, dans sa cuirasse, un défaut assez grave. Il est fondé sur un accroc au principe de la souveraineté nationale proclamé, non sans répugnance, par ceux qui, en 1875, constituèrent malgré eux, la République démocratique en ce Pays.

Je sais bien qu'on va m'objecter avec vivacité qu'il ne faut pas être trop rectiligne, que la vie de ce bas monde n'est qu'une série de transactions perpétuelles.

Sans doute, mais ne trouvez-vous pas que l'esprit de transaction, depuis une vingtaine d'années, nous a conduits un peu loin, pour ne pas dire un peu bas?

Sans doute, encore; mais ne voit-on pas chaque jour des situations qui s'écroulent et dont on dit simplement : « Ce n'était pas établi sur des bases logiques; il y avait dans cette organisation des rouages qui se contrariaient, cela devait amener fatalement des malaises, des heurts, des à-coups et finalement la chute? »

La logique est, comme la pesanteur, une des lois inéluctables de la nature; établissez tout ce que vous voudrez contre elles, vous ne lui donnerez qu'une existence précaire.

Et le Sénat souffre autant de sa constitution illogique que des conditions d'âge exigées pour son recrutement. Tous les gouvernements qui se succèdent, les modérés aussi bien que les radicaux, sont instinctivement poussés à n'avoir pour le Sénat qu'un respectueux dédain.

Que voulez-vous! Il n'est pas le mandataire direct de la souveraineté nationale; on ne peut pas lui reconnaître le pouvoir de renverser les Ministères.

Que voulez-vous encore! Il ne représente pas directement l'universalité des contribuables, et on lui dit : « Soyez certain qu'en matière budgétaire, la Chambre sera toujours disposée à vous témoigner la plus grande déférence; mais si par hasard elle entend persister dans telle ou telle mesure votée par elle, il ne faudra pas que vous insistiez dans un sens opposé. Vous comprenez bien qu'alors votre attitude cesserait d'être constitutionnelle pour devenir révolutionnaire. » N'est-il pas dur de se trouver révolutionnaire parce qu'on est essentiellement conservateur? Cruauté des temps.

Je n'insiste pas sur les quolibets dont on l'abreuve chaque jour, et l'indifférence qui accueille le compte-rendu des quatre-vingt-dix-neuf centièmes de ses séances. Mais, en toute sincérité, il faut le reconnaître, le Sénat ne vit pas, il traîne une existence qui, étant dépourvue de beaucoup d'autorité fondamentale, l'est forcément d'un peu de dignité.

En ce qui concerne les fervents du suffrage restreint, je leur dirai d'abord : Cette foule ignorante et aveugle que M. Thiers appelait jadis la vile multitude est le juge le plus sûr de ce qui est bon et de ce qui est mauvais pour le Pays. Fort peu pourvue de dialectique, elle ne raisonne guère; mais elle voit, et son intuition naturelle la trompe rarement parce qu'elle n'est pas altérée par des préoccupations personnelles. C'est cette opinion populaire qui a fait avorter et fera avorter la politique de rapprochement avec l'Allemagne tant qu'elle ne pourra être qu'une duperie pour nous, et la politique d'amitié avec l'Angleterre qui ne cesserait jamais de l'être. C'est elle qui a fait triompher au contraire la politique d'accord et d'entente avec la Russie, qui peut être si féconde en résultats heureux pour les deux grandes puissances.

Si cette opinion populaire avait eu sous Napoléon III la puissance qu'elle a acquise avec le régime de la République, nous n'aurions probablement pas fait la guerre de Crimée, ni celle d'Italie, ni celle du Mexique, ni celle de 1870. Nous ne nous en porterions peut-être pas plus mal; qu'en pensez-vous ?

Je leur dirai encore : vous aussi, mes chers concitoyens, vous vous êtes placés dans une situation illogique. Vous avez arboré le pavillon de la République démocratique, tout en cherchant à gagner un abri sous le parapluie de Louis-Philippe. Eh bien ! continuez, si bon vous semble, mais n'oubliez pas que cette équivoque est pour vous une cause d'irrémédiable faiblesse. Si vous n'êtes pas tout à fait aveugles, vous devez même déjà vous en apercevoir un peu. C'est incroyable comme dans l'esprit populaire, l'image de votre parti évoque facilement celle des pommes cuites. On entrevoit même un peu plus que du dédain pour vous. Il est fort possible que vous vous soyiez fait un certain tort en entravant une lessive évidemment nécessaire. La presse devenue si puissante ne craint pas le lavage de son linge sale en public ; elle a conscience qu'elle ne sortira pas affaiblie de cette épreuve épurante, au contraire. Un parti perd toujours beaucoup à vouloir cacher ses misères ; il est obligé de se coucher dessus pour les couvrir. Or la pourriture est singulièrement contagieuse, son microbe étant le plus prolifique de tous.

En second lieu :

Il supprime constitutionnellement le scrutin d'arrondissement et le régime parlementaire.

Le Président de la République, délégué de la représentation nationale pour l'exercice du pouvoir exécutif pendant la durée de la législature, est personnellement responsable de tous les actes du Gouvernement.

Cette responsabilité est réglée de façon à prévenir chez les représentants du Peuple la tentation d'en abuser.

Les Ministres sont également responsables, mais chacun seulement en ce qui concerne les actes de son département ministériel.

Incompatibilité absolue entre n'importe quelle fonction publique salariée par l'Etat et le mandat législatif.

Autant les députés sont invités à régler la bonne et utile organisation de tous les services publics, autant il leur est interdit de s'occuper du sort personnel de chaque fonctionnaire, si ce n'est à la tribune, pour y dénoncer l'incurie, les défaillances ou les abus de pouvoir de l'un d'eux; les injustices ou la violation des règles relatives à la nomination et à l'avancement, de la part de ceux qui les nomment.

C'est ici probablement que les assaillants seront le plus nombreux et le plus acharnés. Il est visible que le projet tend à réduire aux proportions d'une simple soucoupe cette légendaire assiette au beurre, qu'on s'est plu jusqu'à présent à considérer comme un vaste plat, autour duquel on doit avoir la facilité de s'asseoir commodément et en nombre.

Les appétits contrariés étant le stimulant le plus

actif de l'éloquence, les arguments, les ironies et les sarcasmes ne vont pas manquer de pleuvoir dru comme la grêle.

Tout cela est fort bien, mais :

Il est peut-être temps d'aviser. Il commence à n'être plus douteux pour personne que nous sommes décidément engagés sur la voie qui conduit à la faillite financière et morale. Depuis longtemps les recettes annuelles ne parviennent pas à couvrir les dépenses, et le déficit ne fait naturellement que s'aggraver à la fin de chaque exercice. Cependant nous avons sur les épaules une dette publique tellement formidable qu'il paraît dangereux d'en augmenter encore le poids.

Mais d'un autre côté, le contribuable Français détient, et de beaucoup, le record du monde pour les charges fiscales. Or, comme il faut de toute nécessité que l'argent sorte des poches qui en contiennent, par quelles combinaisons augmenter le chiffre des recettes afin d'arriver à l'équilibre, sans surcharger, directement ou indirectement, le commerce, l'industrie et l'agriculture, et sans aggraver, par conséquent, l'état d'infériorité où se trouvent déjà, vis-à-vis de la concurrence étrangère, ces trois éléments de la prospérité nationale ?

Le scrutin uninominal par circonscription, exception faite des grands centres ouvriers, est celui qui sollicite le plus le candidat à se recommander aux électeurs par des services privés. Ces derniers, qui ne se reconnaissent aucune responsabilité morale dans leurs votes, sont principalement sensibles aux services reçus ou à recevoir.

Cet état de choses produit un inconvénient secondaire dont je parlerai tout d'abord.

Il est arrivé parfois à la Chambre d'être un peu estomaquée de voir arriver au Palais-Bourbon certaines personnalités dont le decorum moral lui paraissait insuffisant. En y mettant plus de bonne volonté que de bonnes raisons, elle a invalidé ces élus malencontreux. Le scrutin d'arrondissement n'a pas hésité une minute à les faire rebondir à la Chambre qui, de gré ou de force, a bien été obligée de les subir.

Mais ce n'est là, je le répète, qu'un inconvénient secondaire. Il en est un beaucoup plus grave dans un pays où, comme la France, cinquante pour cent des citoyens arrivent dans la vie avec une vocation bien marquée pour les fonctions publiques ; et où tous, sans exception, attendent de l'Etat-Providence des immunités et des faveurs de tous genres.

A peine élus, les députés sont aux prises avec les convoitises et les sollicitations de leurs électeurs. Aussi déraisonnables qu'elles puissent être, il faut les prendre en considération pour peu que le quémandeur dispose d'une douzaine de voix. Mais les élus ne manquent pas de constater que s'ils sont les sujets des habitants de leur arrondissement, les Ministres, avec le régime parlementaire, sont leurs sujets à eux.

Conséquence : des transactions quotidiennes qui se

traduisent par des brèches faites, chaque jour, à la bourse commune, pour satisfaire des intérêts privés ou des intérêts de clocher.

Le premier résultat est une végétation ultra-touffue de parasitisme dans les services publics, sans compter des titulaires de services qui n'existent que de nom.

Ce mal est reconnu de tout le monde, mais on ne le signale qu'en passant, et le sourire aux lèvres.

C'est un grand tort ; car, outre la dépression des caractères qu'occasionne, dans tous les pays, l'excès du fonctionnarisme, il se trouve constituer en France une charge dangereusement lourde pour le Trésor Public dans l'état actuel de nos Finances.

J'ai entendu évaluer à près de deux cent millions par an l'économie qui se réaliserait en définitive par le rappel progressif du personnel aux réels besoins d'un bon fonctionnement de tous les services.

Voilà déjà de quoi équilibrer les recettes avec les dépenses et faire une petite part à l'amortissement. Mais ce n'est pas tout ; à quel chiffre faut-il évaluer le gaspillage qui se perpétue impunément, sous le régime parlementaire, dans les plus grandes administrations, celle de la Guerre et de la Marine notamment ? Je dis *impunément*, parce qu'il est bien entendu, n'est-ce pas, qu'on ne doit pas toucher aux créatures des autres, afin de sauvegarder, par le même motif, ses propres créatures, quand on aura quitté le pouvoir. Ce qu'il en résulte de relâchement et de dépression du sens moral est facile à concevoir.

Autre phénomène. Quand on s'est habitué à transiger avec sa conscience dans l'intérêt d'autrui, on est merveilleusement préparé à le faire dans son propre intérêt. Et c'est là, sans aucun doute, qu'il faut rechercher la cause de cette énormité de scandales politiques qui nous font détenir, dans le monde, le moins enviable de tous les records. A-t-on jamais vu pareil nombre de réputations trainées dans le ruisseau, et finalement accrochées au gibet de l'opinion publique, lamentables cadavres balancés par le vent du mépris ? Et ce n'est point malheureusement fini ; et comme dit le poète :

Tous ces pendus,
Du diable entendus
Appellent des pendus encore.

Est-il possible de trouver ailleurs que dans une refonte de la Constitution une limite à ce désordre mortel ? Non.

Sous le régime monarchique, si le souverain n'est pas tout à fait aveugle, comme Louis XV, ou fataliste comme les deux Napoléon, il y a un frein. C'est l'instinct de la conservation ; le pays ne pouvant péricliter sans entraîner la dynastie dans son désastre. Sous le régime de la République, cet instinct ne peut pas exister. Quiconque arrive au pouvoir sait qu'il ne fera qu'y passer pour se perdre plus tard dans la foule, et que les maux de la Patrie n'auront pas plus de répercussion sur lui que sur ses autres concitoyens.

Le remède au mal ne peut donc se trouver que dans les institutions elles-mêmes.

Voilà pourquoi il est nécessaire de supprimer le scrutin uninominal qui, comme je l'ai dit plus haut, soumet beaucoup trop le représentant du Peuple aux sollicitations de l'intérêt particulier ; nécessaire aussi de supprimer cette confusion, ou pour parler plus exactement, cette promiscuité des deux pouvoirs qu'on appelle le régime parlementaire.

Il faut, en cantonnant chacun dans le domaine qui lui est propre, en n'assurant à l'un que la surveillance et le contrôle de l'autre, en faire deux rivaux pleins d'émulation pour le bien devant l'opinion publique qui les regarde et les juge ; et non deux complices éventuels, comme cela se passe et se passera toujours en France, avec le régime parlementaire.

Ce régime que supportent fort bien les Anglais, comme bien d'autres choses d'ailleurs, le droit d'aînesse notamment, ne nous convient pas du tout.

En Angleterre, les fonctions publiques sont, en moyenne, deux fois plus rétribuées qu'en France, et elles y sont dix fois moins sollicitées. De l'autre côté de la Manche, dès qu'un Anglais arrive à l'âge d'homme, il est impatient d'entamer la lutte pour l'existence, de travailler à l'édification de sa fortune personnelle et d'aller dans n'importe quelle partie du Monde en conquérir les matériaux.

En est-il de même chez nous ? Non. Il faut donc reconnaître que des climats différents ont formé des tempéraments tout à fait différents.

Il est indispensable de bien se convaincre qu'il est temps d'aviser ; que le mal durera et s'aggravera tant que l'état de choses actuel sera maintenu ; que dans vingt ou vingt-cinq ans d'ici tout au plus, en supposant que les frais d'une guerre européenne ne précipitent pas le dénouement, nous en serons réduits à ces expédients qui sont les débuts de la banqueroute.

Il serait bien nécessaire de songer à prévenir ce désastre. Le caractère du Peuple Français incarné dans Paris est bien connu. Tant que tout marche bien ou paraît bien marcher, il n'en est pas de plus facile à conduire. L'essentiel est d'employer des rênes très douces, un fil de laine par exemple, et il va, avec quelques légers mouvements de fierté ou d'impatience, dont il n'y a pas à s'effrayer et que calme bien vite une simple caresse. Mais si des catastrophes arrivent et s'il s'aperçoit que ceux qui le dirigent en sont la cause responsable, pas de plus terrible dans sa colère, pas de plus disposé à briser la vaisselle, on l'a bien vu après la guerre. On peut prévenir cette effroyable casse ; il en est temps encore ; pourquoi hésiter à le faire ?

Je sais bien qu'il restera toujours ce qu'on a appelé *le mal d'argent*, conséquence inévitable des raffinements de la civilisation et du mouvement vertigineux des capitaux. Mais la presse est là qui, avec ses moyens de tout savoir et sa liberté de tout dire, contiendra le torrent dans son lit naturel, et nous ne serons pas plus dangereusement travaillés de ce mal que les autres nations civilisées où il existe tout aussi bien que chez nous.

Mais il est une préoccupation qui sera une autre source de très vive opposition à ce projet. Bien des gens penseront qu'établir la République démocratique sur les bases qui lui conviennent logiquement, c'est aplanir la voie au socialisme.

Bon Dieu ! suis-je tenté de leur dire, mais les socialistes n'ont qu'à se féliciter de vous ; vous travaillez admirablement pour eux. Au lieu de vous cantonner sur le seul terrain où la lutte puisse être honorablement et utilement soutenue, le terrain des choses pratiquement réalisables, vous passez votre temps à ruser avec eux. Aussi, bien qu'ils soient, à la Chambre, soixante contre cinq cents, ils ne vous battent pas, ils vous piétinent.

On est un peu stupéfait de constater que des vérités assez élémentaires pour mériter une place dans le catalogue de feu M. de La Palisse ne sont pas encore admises par tout le monde. Il devrait être tenu pour une vérité banale que la marche d'un peuple est la conséquence inéluctable de ces deux causes combinées : le progrès de ses idées et le tempérament qui lui est propre ; que cette marche peut être plus ou moins agitée par les efforts qui se heurtent en sens contraire, mais qu'elle ne peut être ni précipitée, ni entravée. C'est le cours même d'un fleuve, que l'on peut contrarier, dont on peut soulever les flots, au risque de se faire engloutir, mais dont on ne peut retarder ni avancer d'une minute l'arrivée à l'Océan.

En voulez-vous la preuve ? Remontons d'un siècle en arrière. Jamais les représentants d'un peuple n'ont été les interprètes plus exacts des besoins et des desiderata de leurs commettants que ne le furent les membres du Tiers-Etat en 1789. A part quelques très rares esprits d'avant-garde, personne ne songeait à la République. Les cahiers des Etats-Généraux et la Constitution de 1791 en font foi.

Mais la Noblesse s'opposa avec intransigeance aux réformes qu'exigeait la volonté populaire et n'hésita pas à engager une lutte à mort. Le mouvement exaspéré par cette résistance aveugle fit un bond prodigieux en avant, et au milieu de flaques de sang, aboutit d'emblée à la République démocratique qui fut constituée dès 1793.

Son heure n'était pourtant pas venue ; l'idée de ce régime n'avait pas encore pris possession de l'esprit public ; et la France a cahoté, pendant près de quatre-vingts ans, à travers différents gouvernements transactionnels ou bâtards, jusqu'au jour où la République, étant bien comprise par tous, s'est implantée d'elle-même.

Les circonstances en sont curieuses à observer. L'esprit égaré par des revers inouïs, le Peuple nomme des mandataires en grande majorité partisans du gouvernement monarchique. Ils s'efforcent, tergiversent, tâtonnent pendant cinq ans, toujours entravés par la force des choses, sans trouver le moyen de constituer le régime de leur choix ; et de guerre lasse, sont obligés de faire la République.

Naturellement, un édifice construit avec tant de répugnance laissait beaucoup à désirer. On y avait même pratiqué des brèches destinées à faire passer la Monarchie, si les circonstances devenaient plus favorables.

Citons, entre autres, la faculté pour le Président de la République nommé par le Congrès, de dissoudre la Chambre avec le consentement du Sénat. Voyez-vous d'ici ce fils ayant le droit de tuer son père pourvu que sa mère approuve le projet ?

Bien que plantée dans des conditions prévues pour la faire périr, la République prit immédiatement des racines si profondes, qu'en peu de temps il fut visible pour tous les esprits clairvoyants que désormais le sol de la France se refuserait à porter tout autre régime.

Des hommes déterminés essayèrent bien d'utiliser la brèche dont je viens de parler ; ils se montrèrent même, dit-on, décidés à aller jusqu'au coup d'Etat ; mais Gambetta n'eut qu'à leur crier : « Dites donc, s'il vous plait ! » et ils rentrèrent dans l'ombre pour ne plus en sortir. N'est-il pas vrai, MM. de Broglie et de Fourtou ?

Le socialisme fera le chemin qu'il doit parcourir, avec plus ou moins de trépidations et de cahots, sans que sa marche soit, en définitive, accélérée ou ralentie par les obstacles que l'on opposera à son passage. Il les tournera, les franchira ou les brisera, mais ils ne l'arrêteront ni ne le pousseront plus vite.

Le plus sage serait donc de soutenir la lutte sur

le terrain pratique exclusivement. Si un fleuve ne peut être arrêté dans sa marche, il est toujours possible d'en régulariser le cours et, au besoin, de le canaliser.

Nul ne peut prévoir d'ailleurs, pas plus parmi les sectateurs que les adversaires, ce que sera, dans l'avenir, le socialisme.

Depuis une cinquantaine d'années, sa physionomie a considérablement changé. A cette époque, il était foncièrement utopiste ; les imaginations, embarquées d'enthousiasme avec Cabet, voguaient à pleines voiles, vers l'Icarie. Cela tient à ce qu'il était encore dans la période de gestation ; ce n'était qu'un vigoureux embryon s'agitant fortement dans le ventre de sa mère.

Depuis, il paraît avoir vu le jour et quelque peu parcouru le monde. Il semble qu'il a exploré les terres et les mers, les défilés et les plaines ; reconnu, en un mot, les facilités et les obstacles.

Comme il est encore très jeune, l'ardeur l'emporte bien parfois sur le raisonnement. Mais il consent à tenir compte des exigences de l'atavisme ; il admet que les progrès s'enchaînent comme les théorèmes de la géométrie ; qu'un progrès acquis serve de point de départ à la conquête d'un autre, comme dans la science, une découverte réalisée fournit les éléments d'une découverte nouvelle. Il sait enfin que dans l'éternelle poursuite du mieux-être, cette même science sera pour lui un puissant auxiliaire.

Avec de pareilles dispositions et sa devise qui est :

plus de justice, encore plus de justice, et toujours plus de justice; c'est un gaillard qui peut atteindre assez rapidement la stature de Gargantua. A ce moment, il ne faudra pas faire mine de lui résister, sinon, du haut des tours de Notre-Dame; ..... Vous vous rappelez bien comment s'y prit le héros de Rabelais?

Mais ce malheur ne nous arrivera pas. Dans une vingtaine d'années, nous serons tous socialistes; on ne distinguera que des avancés et des traînards. Voyez déjà: l'Empereur Guillaume et le Pape Léon XIII n'ont-ils pas essayé de faire leur apprentissage socialiste?

L'expérience n'a que médiocrement réussi, sans doute; ils exercent des professions qui préparent si mal le tempérament au socialisme. Mais enfin, c'est un indice.

MÈGE.

CONSTITUTION POLITIQUE

du Peuple Français

CHAPITRE I

De la Souveraineté

ARTICLE PREMIER. — La souveraineté est l'attribut exclusif, imprescriptible et inaliénable du Peuple, source de tous les pouvoirs. Elle ne s'exerce que par délégation, sauf le cas de révision prévu plus loin, et ceux où le Pouvoir législatif croira utile de soumettre ses résolutions à l'avis du suffrage universel.

Cette délégation est essentiellement temporaire, sa durée constitutionnelle est de quatre ans, et susceptible de varier de quelques mois en plus ou en moins, suivant les circonstances visées ci-après.

ART. 2. — Le peuple se compose de tous les Français mâles, âgés de vingt-un ans révolus et non privés de l'exercice de leurs droits civiques.

ART. 3. — Les mandataires du peuple exercent directement le pouvoir législatif et subdélèguent à un citoyen de leur choix l'exercice, sous leur surveillance et leur contrôle, du pouvoir exécutif.

Art. 4. — Les élections générales des mandataires de la Nation ont lieu, de plein droit, le premier dimanche du mois de mai appartenant à la quatrième année d'existence de la législature en exercice. Les pouvoirs de celle-ci se prolongent jusqu'à la réunion du nouveau Congrès, et expirent par le seul fait de cette réunion.

CHAPITRE II

Du Pouvoir législatif

Art. 5. — Chaque département est appelé à élire, au scrutin de liste, autant de représentants du peuple, qu'il compte de fois cent mille habitants, plus un pour la fraction, si elle dépasse cinquante mille.

Le territoire de Belfort vote, au scrutin de liste, avec la Haute-Saône; les trois départements de l'Algérie élisent chacun un député; la Martinique, la Guadeloupe, la Réunion, les Indes françaises élisent chacune un député, le scrutin de liste ne pouvant s'appliquer aux colonies.

Art. 6. — Pour être éligible, il faut être Français, mâle, âgé de vingt-cinq ans révolus et avoir la pleine jouissance de ses droits civiques et civils.

Art. 7. — L'exercice de leurs droits civiques est suspendu pour tous les citoyens durant le temps qu'ils passent dans le service actif des armées de terre et de mer.

Art. 8. — Sont inéligibles, sur toute la surface du territoire, les citoyens qui n'ont pas cessé, avant l'ouverture de la période électorale, d'appartenir, comme directeurs ou administrateurs, à un établissement financier ou jouissant d'un monopole concédé par l'État.

Sont inéligibles dans chaque département : 1° les citoyens appartenant encore, au moment de l'ouverture de la période électorale, soit comme directeurs, soit comme administrateurs, à un établissement jouissant d'un monopole concédé par ce département ou une commune de ce département; 2° les citoyens qui y sont ou n'ont pas cessé d'y être depuis six mois avant l'ouverture de la période électorale : Premier Président, Président de Chambre et Membre du Parquet de la Cour d'appel; — Président, Vice-Président, Juge titulaire, Juge d'instruction et Membre du Parquet du Tribunal de première instance: — Préfet de police, Préfet, Secrétaire général de Préfecture, Sous-Préfet, Gouverneur, Directeur de l'Intérieur et Secrétaire général de Colonie; — Ingénieur en chef, Agent-voyer en chef; — Recteur, Inspecteur d'Académie; — Archevêque, Evêque et Vicaire général; — Trésorier général, Directeur des contributions directes; Directeur des contributions indirectes, de l'enregistrement, des postes et télégraphes, Conservateur ou Inspecteur des forêts.

Art. 9. — Il y a incompatibilité entre le mandat législatif et :

1° Tout autre mandat électif. Tout citoyen qui est

élu député est de plein droit dessaisi de tous les autres mandats électifs dont il pouvait être investi. Nul citoyen, tant qu'il est député, ne peut valablement être investi d'un autre mandat électif.

2° Toute fonction publique rétribuée par l'Etat, une commune ou un département. Tout fonctionnaire public salarié qui est élu député est de plein droit démissionnaire de ses fonctions, après la vérification de ses pouvoirs. Nul citoyen, tant qu'il est député, ne peut être valablement nommé à une fonction publique salariée. Exception est faite pour le Président de la République et les Ministres qui sont simplement dessaisis de leur mandat législatif par le fait de leur nomination.

Art. 10. — Nul citoyen ne peut-être candidat au mandat législatif dans plus d'un département. Toute candidature est, à peine de nullité de l'élection, déclarée à la Préfecture qui en donne acte. Si un citoyen est candidat ou élu dans deux ou plusieurs départements, son élection est de plein droit nulle et non avenue partout.

Art. 11. — Chaque fois qu'il a été procédé au renouvellement de la représentation nationale, les députés se réunissent, de plein droit et de pleine obligation, en Congrès, le deuxième lundi qui suit les dernières opérations électorales.

Art. 12. — Cette première séance et les suivantes sont présidées par le plus âgé des membres présents; les six plus jeunes remplissent les fonctions de secrétaires.

Art. 13. — A la première séance, il est procédé : 1° A l'appel nominal : tous les députés doivent être présents ou représentés par des excuses écrites et motivées ; le *Journal officiel* publie les noms des présents, des absents excusés et des absents. Ces derniers sont réputés faire l'abandon de leur premier mois de traitement à l'Assistance publique au profit de laquelle il sera mandaté ;

2° A l'élection, à la majorité absolue des votants, du chef du pouvoir exécutif qui prend le titre de Président de la République et dont les pouvoirs expirent en même temps que ceux de la législature qui l'a nommé.

Art. 14. — A la séance du lendemain et aux suivantes, il est procédé à la fixation du nombre et à la division des départements ministériels, à l'élection de cinq membres appelés à faire partie du Comité de vigilance nationale, enfin à la vérification des pouvoirs.

Cette vérification se fait par départements en suivant l'ordre alphabétique ; les opérations de chaque département ne sont l'objet que d'un seul rapport ; néanmoins il est voté séparément sur la validité des pouvoirs de chaque représentant.

Art. 15. — Les représentants du peuple se divisent ensuite par la voie du sort en première et deuxième Chambre.

Art. 16. — Chaque Chambre se réunit sans délai et procède tant à l'élection de son bureau général qu'au tirage au sort de ses bureaux particuliers,

Le nombre des bureaux particuliers sera le même dans les deux Chambres. Les travaux du Congrès seront dirigés par le bureau général de la première Chambre durant les première et troisième années de la législature et par le bureau général de la seconde Chambre, durant les deuxième et quatrième années. Les bureaux particuliers du Congrès seront formés par les bureaux réunis un à un des deux Chambres.

Art. 17. — Le Congrès se réunit chaque année le deuxième lundi de janvier pour l'examen, la discussion et le vote du budget de l'année suivante. Le projet du budget élaboré par le Gouvernement aura dû être déposé et distribué à cette date, par les soins du Ministre des finances.

Tout retard est imputable à un ou plusieurs Ministres et les constitue, de plein droit, débiteurs chacun d'une somme de 5,000 francs au profit de l'Assistance publique. En cas de contestation, une Commission composée d'un membre tiré au sort par bureau, reçoit les explications de chacun des intéressés séparément et désigne, au scrutin secret, le ou les Ministres responsables.

Art. 18. — Durant cette session budgétaire qui ne peut être close que quand le budget est définitivement voté, il peut être délibéré : 1° sur tout projet de loi d'ordre fiscal; 2° sur toute disposition législative qui, adoptée par une Chambre et repoussée par l'autre, serait demeurée en suspens ; 3° sur toute déclaration de guerre, sur tout traité de paix, de commerce ou d'alliance; 4° sur toute interpellation adressée au

Chef de l'Etat ou à l'un de ses Ministres; 5° sur toute demande d'autorisation de poursuites contre un député; 6° sur la question de dissolution si la demande en est signée par quatre-vingts membres au moins.

Toutes les autres questions doivent être délibérées successivement par chaque Chambre.

Art. 19. — Si lors du renouvellement de la représentation nationale, le budget de l'année suivante n'est pas voté, immédiatement après la constitution des deux Chambres, les représentants du peuple se réunissent en congrès de session budgétaire et ne peuvent se séparer qu'après le vote définitif de ce budget.

Art. 20. — Quand le budget est voté, le Congrès peut, avant de se séparer, voter une prorogation du travail législatif, et, en ce cas, il fixe la date de la réunion des deux Chambres. Quand les deux Chambres sont réunies, leurs bureaux peuvent se mettre d'accord sur une nouvelle prorogation en attendant la réunion du Congrès, au mois de janvier suivant.

Art. 21. — Les délibérations législatives ne sont valables qu'autant que la moitié plus un des membres composant l'assemblée sont présents. A l'ouverture de chaque séance, il est décidé, par assis et levé, si l'assemblée est en nombre. Mais il suffit de la demande signée de vingt membres pour nécessiter l'appel nominal. Tous les députés qui, sans congé ou motif reconnu valable, ne répondent pas à l'appel de leur nom, sont débiteurs de plein droit d'une somme de 100 francs envers l'Assistance publique.

Le *Journal officiel* donne les noms des présents, des absents par congé ou motif valable, et des absents.

Nul député ne peut valablement fournir d'autre vote que le sien.

Art. 22. — Si dans l'intervalle de deux sessions budgétaires, il y a lieu de délibérer sur une déclaration de guerre, un traité de paix ou d'alliance, le Congrès est convoqué sans délai, sur la demande du Président de la République, par le Président de Chambre qui doit en diriger les débats.

Art. 23. — Si une Chambre a voté qu'il y a lieu d'examiner la question de désaccord ou de responsabilité à l'égard du Président de la République, le Congrès est convoqué sans délai par le Président de Chambre qui doit en diriger les débats.

Art. 24. — Les représentants du peuple font œuvre patriotique en réglant toutes les questions de réorganisation, d'amélioration ou de simplification des services de l'Etat ; en réglant également les attributions, le nombre, le traitement, les conditions de nomination, d'avancement ou de révocation du personnel nécessaire au bon fonctionnement de chaque service ou de chaque branche de service.

Art. 25. — Tout député peut porter à la tribune une question personnelle à un fonctionnaire, aussi bien qu'à un Ministre ; mais uniquement pour signaler, soit un abus de pouvoir, une incurie ou une défaillance, soit une violation des règles relatives à la nomination, à l'avancement ou à la révocation.

Art. 26. — Nul député ne peut solliciter, par démarches personnelles, auprès d'un agent quelconque du Pouvoir exécutif, soit une grâce ou une faveur, soit une nomination ou un avancement dans une fonction publique, au profit de n'importe quel citoyen. Nul agent du Pouvoir exécutif ne doit céder à pareille instance, quand il en est l'objet. La sanction à cette double défense sera réglée par une loi.

Art. 27. — Nul député ne peut être poursuivi ou même recherché à raison de ses votes ou des opinions par lui émises en séance. L'Assemblée pourra cependant décider que ses paroles ne figureront pas au compte-rendu, comme constituant soit un outrage aux pouvoirs publics ou aux réputations privées, soit un appel au crime ou à la violation de la Constitution.

Art. 28. — Hors le cas de flagrant délit, un député ne peut davantage être arrêté ou actionné soit correctionnellement, soit criminellement durant les sessions, sans une autorisation du Congrès ou de la Chambre dont il fait partie. La Chambre ou le Congrès ont toujours le droit de décider qu'il ne sera pas détenu préventivement.

Art. 29. — Le traitement des représentants du peuple est de deux mille francs par mois durant les sessions, et de mille francs durant les intersessions. Le mois de session interrompu n'est dû que s'il a été tenu sept séances. Le traitement du Président de chaque Chambre est de six mille francs par mois, celui des questeurs de deux mille cinq cents.

CHAPITRE III

Du Pouvoir exécutif

Art. 30. — Le Président de la République élu et acceptant est immédiatement introduit au sein du Congrès. Le Président de l'assemblée lui demande de s'engager sur l'honneur : à être le scrupuleux observateur et le gardien vigilant de la Constitution et des lois ; de diriger la politique tant intérieure qu'extérieure du Pays suivant les indications qui lui seront fournies par les manifestations de la représentation nationale. Le chef du pouvoir exécutif répond simplement que sur son honneur il s'y engage, et il quitte immédiatement la salle des séances.

Art. 31. — Le Président de la République choisit et révoque, à son gré, les titulaires des divers départements ministériels fixés par le Congrès. C'est par eux ou un Commissaire spécial du Gouvernement, et jamais en personne, qu'il communiquera et discutera désormais avec le Pouvoir législatif.

Art. 32. — Il nomme et révoque, après avis consultatif du Conseil des Ministres, les ambassadeurs, les ministres plénipotentiaires, les agents diplomatiques, les gouverneurs de l'Algérie et des Colonies, ainsi que les résidents généraux des pays de protectorat.

Art. 33. — Tous les autres agents du gouvernement et dépositaires de l'autorité publique sont nommés ou révoqués par lui sur la proposition que lui en fait le ministre compétent dans les conditions réglementaires fixées par le Pouvoir législatif.

Art. 34. — Le Président de la République a le droit de suspendre pour un terme qui ne pourra excéder trois mois les agents du pouvoir exécutif dont une loi confie l'élection aux citoyens. Il ne peut les révoquer qu'après avis consultatif du Conseil des Ministres.

Art. 35. — Il préside aux solennités nationales ; les envoyés et ambassadeurs des Puissances sont accrédités auprès de lui ; il négocie et ratifie les traités, qui ne deviennent définitifs et n'engagent la nation qu'après l'approbation du Pouvoir législatif.

Art. 36. — Il préside et réunit chaque fois qu'il le juge utile, et au moins deux fois par mois, le Comité de vigilance nationale chargé de décider toute mesure qui serait urgente pour assurer la sécurité et la sauvegarde des intérêts ou de l'honneur de la nation.

Bien que le Président de la République dispose de la force armée, qu'il ne peut d'ailleurs jamais commander en personne, nulle mobilisation totale ou partielle ne peut, avant une déclaration de guerre, être décidée que par ce Comité.

Il est rendu compte au Pouvoir législatif des mesures urgentes arrêtées aussitôt que le secret n'est plus nécessaire.

Art. 37. — Ce Comité se compose du Chef du pouvoir exécutif, des ministres de la Guerre, de la Marine, des Affaires étrangères, et des cinq députés élus par le Congrès au commencement de chaque législature, lesquels sont remplacés, en cas de décès ou démission, au fur et à mesure des vacances. Ce Comité délibère valablement quel que soit le nombre des présents, pourvu que tous ses membres aient été dûment convoqués.

Art. 38. — Nulle guerre ne peut être entreprise qu'après avoir été votée par le Congrès qui est immédiatement convoqué par celui qui doit en diriger les délibérations, sur la demande qui lui en est faite par le Président de la République, au nom du Comité de vigilance nationale.

Toute expédition militaire ou entreprise coloniale doit être préalablement votée par les deux Chambres.

Art. 39. — Le Président de la République a l'initiative des lois, aussi bien que le Pouvoir législatif, mais tout projet de loi déposé en son nom doit avoir été soumis préalablement à l'avis consultatif des Ministres et du Conseil d'état.

Art. 40. — Il a le droit de faire grâce, mais l'amnistie doit être votée par le Pouvoir législatif.

Art. 41 — Il promulgue les lois au nom du Peuple français. Les lois d'urgence sont promulguées dans la huitaine et les autres dans le mois de leur vote définitif. Tout retard est une faute : s'il a duré dix jours le Président de la République est dessaisi, et la promulgation est immédiatement faite par le Président du Congrès ou celui qui en aurait la présidence s'il était réuni. Mention est faite du retard dans le décret de promulgation.

Art. 42. — Chaque acte du Président de la République doit être contresigné par le ministre compétent, exception est faite pour ceux qui portent nomination ou révocation des Ministres.

Art. 43. — Le Président de la République réside, aux frais de l'Etat, dans le lieu où siège la représentation nationale. S'il lui arrivait de quitter le territoire continental de la République sans l'approbation préalable du Pouvoir législatif, il serait déchu de plein droit, et le Congrès, convoqué d'urgence par celui qui doit le présider, nommerait immédiatement un autre Président de la République.

Art. 44. — Le traitement du Président de la République est de cent mille francs par mois ; celui des Ministres de cinq mille francs. Le mois interrompu est payé au prorata.

CHAPITRE IV

Responsabilité du Pouvoir exécutif

Art. 45. — Le Président de la République est personnellement responsable de tous les actes du Gouvernement ; les Ministres sont également responsables, mais chacun seulement en ce qui concerne les actes de son département ministériel.

ART. 46. — L'interpellation au Président de la République ne pourra être discutée que par le Congrès. Si, quand il n'est pas réuni, une Chambre vote le principe de l'interpellation, il sera convoqué sans délai par celui qui doit en présider les travaux, et le vote devra nécessairement vider la question de savoir s'il y a ou non désaccord entre le Pouvoir législatif et le Pouvoir exécutif.

ART. 47. — Si le vote constate qu'il y a désaccord, le Président de la République est démissionnaire de plein droit.

ART. 48. — En provoquant, par un vote de désaccord, la démission du Président de la République, les représentants du peuple épuisent leur mandat. Le Conseil des Ministres exerce provisoirement le pouvoir exécutif. Le Congrès désigne au scrutin secret, et à la majorité relative, au premier tour, celui d'entre eux qui aura le titre de Président du Conseil, avec double voix dans les délibérations ; et fixe la date des élections générales, dans un délai qui ne pourra pas dépasser soixante jours.

ART. 49. — Le Président de la République démissionnaire en vertu d'un vote de désaccord sera inéligible à ces fonctions durant la législature suivante.

ART. 50. — Lorsque sur l'interpellation à un Ministre, le Congrès ou une Chambre se seront bornés à exprimer un regret, cet avertissement n'atteindra pas la situation du Ministre, à moins que le Président de la République ne juge bon de lui donner une sanction effective.

Art. 51. — Lorsque le Congrès visant un ou plusieurs faits précis et déterminés aura, par son vote, constaté qu'il y a incurie, défaillance, abus de pouvoir ou irrégularité, le Ministre sera démissionnaire de plein droit, et il ne pourra être recouru à sa collaboration avant l'expiration d'un an.

Art. 52. — Lorsque, quand le Congrès n'est pas réuni, une Chambre aura émis un pareil vote, la question sera immédiatement discutée par l'autre Chambre, et si le vote de cette dernière est le même que celui de la précédente, il aura la sanction prévue ci-dessus.

CHAPITRE V

De la Cour de justice politique

Art. 53. — Toute violation d'une ou plusieurs dispositions de la Constitution, toute infraction aux lois pénales constituent pour le Président de la République et les Ministres un crime contre la chose publique.

Art. 54. — Toute accusation d'une ou plusieurs des infractions ci-dessus rend le Président de la

République et les Ministres justiciables d'un tribunal spécial qui porte le nom de Cour de justice politique

Ce tribunal jugera également tout citoyen accusé d'attentat contre la sûreté de l'Etat.

ART. 55. — Il y aura accusation chaque fois que les votes qui emportent démission de plein droit déclareront en outre *qu'il y a lieu d'informer*.

ART. 56. — Une loi spéciale règlera les conditions de la détention préventive et la procédure d'instruction.

ART. 57. — La Cour de justice politique se composera de sept juges présidés par le plus âgé et de quarante jurés dont trente titulaires et dix suppléants.

ART. 58. — Les sept juges seront choisis par le sort parmi les professeurs titulaires d'une chaire de droit dans les diverses Facultés de la France continentale.

ART. 59. — Les jurés seront fournis par les Conseils généraux de la France continentale. A cet effet, quarante départements seront tirés au sort, les trente premiers sortis de l'urne fournissant un juré titulaire, et les dix derniers un juré suppléant. Un membre du Conseil général de chacun de ces quarante départements sera choisi par le sort.

ART. 60. — Si le Pouvoir législatif décide simplement qu'il y a lieu à répétition pécuniaire contre le Président de la République, un ou plusieurs des Ministres, la Cour de justice politique se composera uniquement des sept juges indiqués plus haut, lesquels statueront sans l'assistance d'un Jury.

CHAPITRE VI

Dispositions générales

Art. 61. — Sont abrogées toutes les dispositions législatives ou constitutionnelles préexistantes qui se trouveraient en contradiction ou incompatibilité avec celles de la présente Constitution.

Art. 62. — La présente Constitution pourra toujours être l'objet de révisions partielles, pourvu qu'elles ne portent pas atteinte aux principes suivants : celui qui proclame la souveraineté du Peuple, celui qui en limite temporairement la délégation, celui qui exige l'élection des représentants du Peuple par le scrutin de liste, celui enfin qui ne permet pas qu'un citoyen soit à la fois Député et Ministre ou Président de la République.

Art. 63. — Lorsque les deux Chambres auront successivement voté une modification de la loi constitutionnelle, cette modification sera soumise à la ratification du suffrage universel qui dira, par oui ou par non, s'il l'accepte ou la repousse.

Limoges — Imprimerie Vᵉ H. Ducourtieux, 7, rue des Arènes.

www.ingramcontent.com/pod-product-compliance
Lightning Source LLC
LaVergne TN
LVHW020250230826
846091LV00006B/2342

* 9 7 8 2 0 1 1 7 5 5 8 8 9 *